NOTICE BIOGRAPHIQUE

SUR

M. JOPPÉ

Bibliothécaire de la ville de Châlons, membre titulaire résidant,

Par M. Ch. GILLET, *secrétaire*.

———

MESSIEURS,

M. Jean-Maurice Joppé, que nous avons eu le malheur de perdre dans le cours de l'année académique, eut une existence complètement consacrée à l'enseignement et au développement de l'instruction publique, dans tous ses degrés et dans toutes ses formes; pour le professeur, le bibliothécaire, l'examinateur et l'administrateur du collége de Châlons-sur-Marne, le membre des commissions de l'instruction primaire et le secrétaire du comité supérieur, ses différentes qualités, ses diverses attributions n'étaient rien autre chose que des occasions et des moyens multiples de travailler d'une manière efficace à l'expansion d'une solide et d'une saine instruction.

1861

Cette mission à laquelle il semble s'être consacré par suite d'une véritable vocation, il la continuait encore par ses travaux au sein de la Société académique de la Marne, dont il fut un des membres les plus dévoués et je dirais presque les plus aimés, si ces sentiments de bonné confraternité et de dévouement au bien public, n'étaient pas aussi généraux qu'ils sont sincères au sein de notre Société.

Le mérite d'une vie si bien remplie n'appartient pas seulement à notre collègue, il appartient aussi au père de M. Joppé, dont celui-ci semble avoir fidèlement reproduit l'honorable existence et les traditions scientifiques et morales. Cette transmission du père au fils, des difficiles fonctions du professorat, d'une existence semblable et d'une irréprochable honorabilité, ne fut pas dans notre pays chose assez commune pour que nous ne trouvions pas un véritable plaisir à la constater.

Notre regrettable collègue était fils de Hyacinthe-Maurice Joppé qui, après des études sérieuses, après avoir entendu avec profit les leçons de Lebeau, l'émule et le continuateur de Rollin et de Crevier, après de longues épreuves constatant son aptitude, fut nommé, à l'âge de 24 ans, professeur de quatrième au collége de Châlons, le 18 août 1774. Il devait garder son poste jusqu'en 1791; à cette époque, il fut obligé de quitter le professorat; nous étions dans un temps où toutes les positions allaient être mises en péril, où les meilleurs esprits pouvaient être méconnus.

En 1795, lorsqu'on voulut rétablir les institutions dispersées, on fit appel au citoyen Joppé qui concourut d'une manière active à la réorganisation de l'instruction publique dans le district de Châlons.

En 1797, l'école centrale était organisée, une bibliothèque formée principalement des débris des collections conventuelles y fut annexée, et M. Joppé fut nommé bibliothécaire.

En 1805, l'école centrale était transformée en école secondaire, la bibliothèque devenait une institution et une propriété communale ; alors M. Joppé fut nommé professeur de première et de deuxième classe de latin à l'école secondaire de Châlons, puis bibliothécaire de la ville, en vertu d'une délibération du conseil municipal, confirmée par une décision ministérielle.

Le 28 septembre 1811, il fut chargé de la chaire de rhétorique qu'il conserva jusqu'en 1822, année où il résigna ses fonctions salariées pour ne plus conserver que ses charges gratuites dans l'administration du bureau de bienfaisance et dans l'administration des hospices.

Il avait consacré plus d'un demi-siècle à l'instruction et au bien public, il avait vu des temps difficiles, des perturbations de toutes sortes qui l'affectèrent sans ébranler son courage soutenu par la religion ; il mourut à Châlons le 14 février 1826.

Personne, je l'espère, ne me reprochera d'avoir dit quelques mots d'un homme qui a laissé dans notre pays des souvenirs très honorables. Nos regrets lui étaient acquis à divers titres, mais principalement comme membre de votre Société dont il fut l'un des fondateurs, et comme père de notre collègue dont j'essaierai de retracer l'existence en quelques traits qui seront, je crois, l'expression de la vérité.

Jean-Maurice Joppé, votre collègue, votre ami, naquit à Châlons le 2 novembre 1791. Dix-sept jours après, des concitoyens, oubliant les principes de fraternité qu'ils invoquaient, privaient le père de son emploi.

Ah! sans doute, la première effusion de l'amour maternel, le premier baiser du père furent mêlés de larmes, sans doute, au milieu de leurs épanchements, les époux ne réussirent pas toujours à se cacher leurs craintes pour le présent, leurs inquiétudes pour l'avenir. Mais la somme des maux à supporter ne devait point surmonter la puissance des devoirs et de l'amour paternels.

M. Joppé naquit dans un moment difficile, sa jeunesse se passa dans une époque d'agitation sociale et d'évènements guerriers. Cependant sa première éducation ne manqua d'aucun de ces soins si utiles à former la bonté du caractère, et à préparer l'intelligence à recevoir une bonne instruction.

Les troubles intérieurs cessèrent; les armées victorieuses repoussèrent au loin les ennemis de la France. Alors, il fut possible à M. Joppé de se livrer, sous la direction de son père, à des études que les cris de la place publique ne pouvaient plus troubler, et qui étaient interrompus à certains jours seulement par l'annonce d'une victoire.

A l'âge de dix-sept ans, M. Joppé avait, je ne dirai pas terminé ses études, car il était de ceux qui croient n'avoir jamais fini d'étudier, mais il avait assez appris pour être capable d'enseigner aux autres, et il était nommé professeur de la classe de sixième au collége de Châlons, le 18 octobre 1808. Il occupa ensuite les classes de cinquième et de troisième avec assez de distinction pour qu'on puisse dire aujourd'hui, que nul autre professeur de ce temps ne fut plus remarquable par ses connaissances variées et sa méthode d'enseignement. Il savait non-seulement enseigner, il avait le talent plus rare de se faire écouter, de forcer l'attention des esprits trop lents et de fixer l'imagination des esprits trop vifs. Des hommes qui sont devenus des maîtres et qui furent les élèves de M. Joppé, sont heureux d'apporter à sa mémoire, en son honneur, ce témoignage de leur reconnaissance pour le bien qu'il leur fit par son excellente, par sa puissante méthode d'enseignement.

Il était donc le collègue de son père, lorsque, en 1811, M. de Fontane, grand maître de l'Université, appréciant les bons services et du père et du fils, et leur noble caractère, nomma l'un professeur de rhétorique, et l'autre professeur de deuxième année de grammaire. Par un procédé de grande délicatesse, M. de Fontanes, en envoyant à M. Joppé père sa nomination, le chargeait d'annoncer à son fils sa promotion et de lui remettre le pli concernant son nouveau titre.

Ces procédés d'une courtoisie parfaite honorent ceux qui en sont l'objet et celui qui en est l'auteur; ils établissent entre le grand maître et les professeurs un échange de bons rapports qui doivent rejaillir sur les élèves, pour le plus grand avantage des études. En 1816, M. Joppé fut promu à la classe de seconde d'humanités. Il s'adonnait à ses fonctions avec un zèle qui justifiait le choix du grand maître de l'université.

Mais un empêchement physique vint malheureusement mettre un obstacle à la bonne volonté du jeune professeur. « J'avais tant de plaisir, nous disait-il, à expliquer aux élèves les classiques grecs et latins, que je prolongeais peut-être au-delà de la stricte nécessité le temps donné aux explications orales, les organes de la voix en furent assez vivement affectés pour que je fusse obligé de quitter l'enseignement public et de renoncer à une profession qui m'était chère à tant de titres. » Il quittait le professorat au commencement de l'année académique

1821-1822, et il était nommé bibliothécaire de la ville de Châlons le 28 octobre 1821.

Le père et le fils avaient professé ensemble, ils se retiraient presque ensemble, mais le père avait la satisfaction de laisser, dans les mains de son fils, la conservation de la bibliothèque.

M. Joppé était bien préparé à ses nouvelles fonctions, par ses études littéraires et parce que depuis plus longtemps déjà, son père l'avait initié à toutes les connaissances bibliographiques qui devaient lui être nécessaires.

A cette époque, la bibliothèque qui avait été une dépendance de l'ancienne école centrale, était encore située dans les salles du Collège ; mais il était devenu nécessaire de la transférer dans le local qu'elle occupe aujourd'hui et qui venait d'être acheté par la ville de Châlons.

Dans une opération de ce genre qui consiste à défaire de fond en comble une ancienne bibliothèque, à en transporter le mobilier, les armoires, les casiers, les rayons et surtout les volumes en cent et cent voyages, l'attention, la régularité et un ordre rigoureux sont absolument indispensables ; la légèreté et l'inattention laisseraient bien vite s'introduire une confusion difficile à réparer. Nul n'était plus apte que M. Joppé à diriger ce travail avec tout le soin désirable. Cette première opération était le prélude d'autres travaux plus importants : tels que le classement méthodique des ouvrages et la confection d'un catalogue.

M. Joppé établit le classement des livres par ordre de matières tel qu'il existe aujourd'hui, et il dressa un catalogue conforme au classement des livres dans les armoires et sur les rayons.

Après avoir accompli la tâche qui incombe à celui qui est chargé d'organiser une bibliothèque, il restait à M. Joppé à se livrer aux occupations ordinaires du bibliothécaire, il ne manqua point à cette mission qui lui était rendue facile par ses connaissances variées en littérature ancienne et moderne et par son aptitude à la science bibliographique.

M. Joppé, pour être un bibliophile, n'était pas un bibliomane, il ne croyait pas devoir donner d'autant plus de prix à une édition ancienne, qu'elle renferme plus de fautes qu'une édition postérieure. Il n'estimait pas les livres par les taches qu'une marquise pouvait y avoir laissées, mais plutôt par la beauté de l'édition, plus encore par la correction. Si la beauté de la forme extérieure le flattait, il réservait toute son admiration pour le mérite de l'œuvre, l'enveloppe ou le signe de la pensée n'était rien pour lui, si la pensée était mauvaise. La richesse de l'étiquette ne lui cachait pas la pauvreté du contenu, de même que les fantasmagories du prospectus ne remplaçaient jamais, pour lui, l'inanité de l'œuvre. Un livre lui plaisait à la condition de réunir à la beauté apparente de la forme, la beauté solide du fond.

M. Joppé non-seulement a rempli tous ses devoirs comme conservateur d'un précieux dépôt, mais il a été assez heureux pour voir sous sa direction, et grâce à ses soins, la bibliothèque s'accroître de six mille volumes environ. Il put, par des achats faits avec discernement, combler des lacunes, tenir la bibliothèque au courant de plusieurs parties des travaux de l'esprit humain ; mais ces achats étaient trop restreints par les étroites limites du budget, par des allocations annuelles toujours stationnaires quand les besoins d'indispensables acquisitions allaient toujours en s'accroissant.

Quelques donateurs bienveillants cédant à leur générosité et à leur sympathie pour le savant bibliothécaire, concoururent à augmenter l'importance du dépôt, soit par l'offre de leurs œuvres, soit par les dons d'éditions de prix qu'ils ne voulaient pas exposer ou à la dispersion ou à la vente à l'encan.

Mais le plus grand moyen d'acccroissement des bibliothèques à budget restreint, et celui qui fut l'occasion pour M. Joppé des soins les plus nombreux, c'est l'accroissement à titre gratuit par les dons ministériels. Le commencement des grands ouvrages à souscription s'obtient avec assez de facilité; mais rien de plus difficile que d'avoir la suite surtout quand la publication doit durer dix, vingt ou trente ans; il y a à cela des causes qui font le désespoir des bibliothécaires et ces causes sont quelquefois tellement puissantes, que tout zèle échoue à les combattre.

On reçoit trop souvent des textes sans gravures ou des gravures sans texte; quand on peut réclamer, il est trop tard, ou on vous répond par un silence dont la force est insurmontable; ou bien une souscription commencée disparaît tout-à-coup pour être remplacée par une autre qui disparaîtra à son tour.

M. Joppé vit toutes ces misères de la vie d'un bibliothécaire. Il ne les vit pas seul, car il n'était ni plus heureux ni plus malheureux sous ce rapport que tous ses collègues de la France; seulement il eut le mérite de ne jamais se décourager; il réclamait sans cesse, chaque nouvelle omission, chaque nouvelle négligence, chaque nouveau refus, était pour lui l'occasion d'une nouvelle réclamation. Il eut voulu, pour remédier à tous ces inconvénients, une forte organisation du service des livres entre les ministères et les bibliothèques, de sorte que les envois fussent assurés depuis le commencement jusqu'à la fin de l'ouvrage, mais assurés de la manière la plus certaine par une correspondance directe et immédiate entre le ministre et les dépôts scientifiques.

M. Joppé était porté par goût et par bienveillance de caractère à l'obligeance envers les personnes studieuses et envers les lecteurs attentifs qui venaient à la bibliothèque chercher des éléments d'étude ou les agréments de la lecture. Il était servi par une excellente mémoire où 26,000 volumes s'étaient casés avec un ordre parfait, ce qui lui rendait les recherches promptes et faciles. J'ai vu plusieurs fois des visiteurs étonnés quand le bibliothécaire leur mettait sous les yeux, sans recherches, sans hésitation un texte qu'un autre eût été obligé de chercher dans trente volumes.

M. Joppé faisait souvent plus que ses strictes devoirs, il aidait de ses conseils, de ses connaissances, de son érudition tous ceux qui faisaient appel à son concours ; il se plaisait surtout à encourager les jeunes gens vraiment studieux, mais il n'aimait pas tous ceux pour lesquels les collections d'une bibliothèque sont, non pas un moyen de travail, mais plutôt un moyen de ne rien faire, si ce n'est de copier des études et des travaux tout faits. Sa bienveillance n'était pas aveugle, et il savait discerner le travailleur sérieux de celui qui n'en avait que les apparences.

M. Joppé disait peu, il était d'une modération excessive dans l'expression de ses pensées, de ses opinions personnelles ; lui qui savait beaucoup, il craignait peut-être de se tromper, mais on pouvait saisir dans un fin sourire, imperceptiblement caché dans sa noble physionomie, ou une approbation sincère ou un blâme silencieux.

Tel fut M. Joppé dans ses fonctions de bibliothécaire, fonctions qui n'avaient rien retranché de son dévouement pour l'instruction publique.

Il prit une grande part au développement de l'instruction primaire, notamment pour l'exécution de la loi du 26 juin 1833, en vertu de laquelle on organisa dans toutes les communes de France, des comités locaux chargés d'inspecter les écoles publiques et privées, et des comités d'arrondissement chargés de surveiller et d'encourager l'instruction primaire. M. Joppé fut toute sa vie membre actif de ces comités; et en qualité de secrétaire du comité supérieur d'instruction primaire, il remplit longtemps et gratuitement des fonctions qui plus tard furent dans les attributions de l'autorité administrative départementale.

Les premiers moments de l'exécution d'une loi en général, et d'une nouvelle loi sur l'instruction en particulier, ne sont pas faciles, il faut rompre avec les anciennes habitudes, créer ce qui n'existait pas, tenir la balance entre les influences, stimuler le zèle des uns, modérer l'activité des autres. Les questions d'instruction ne sont pas les seules dont on ait à s'occuper, elles sont précédées, accompagnées, suivies de questions de personnes qui se présentent si souvent dans l'enseignement.

Toutes ces difficultés se sont présentées à M. Joppé; et ceux qui le connaissent savent, que les fausses préventions ou les influences sans motifs n'agirent jamais sur l'impartialité de son jugemeut et sur l'équité de ses déterminations.

Les excellents esprits qui aujourd'hui sont chargés de la direction des affaires de l'instruction primaire, et qui veillent sur les personnes avec une sollicitude éclairée, savent que jamais peut-être, ni instituteurs, ni institutrices ne trouveront un homme ni plus digne ni plus capable d'apprécier leur mérite intellectuel, leur aptitude et leur valeur morale. On sait peu, ou plutôt on ne sait pas quels nombreux et importants services M. Joppé rendit comme membre du comité local et comme secrétaire du comité supérieur d'instruction primaire ; nous avons pu soulever faiblement le voile qu'une grande modestie avait laissé tomber sur beaucoup de bonnes actions, et nous nous reprocherions de ne pas au moins énoncer ici cette vérité sans cependant violer le secret des affaires publiques et particulières.

Il en fut de même dans les fonctions de membre du bureau d'administration du collége de Châlons que M. Joppé remplit pendant 23 ans. Il aimait le collége, il aimait tout ce qui y tenait comme on aime une institution où pendant un demi-siècle un père fut honoré, et sous l'abri de laquelle on a été élevé pour ensuite s'y donner à l'enseignement. Aussi, tous les vrais intérêts du collége, ceux de MM. les Professeurs, ainsi que l'honorabilité de de leur caractère, trouvèrent en M. Joppé un appréciateur éclairé, un juge équitable, un défenseur inébranlable.

Nous n'avons encore rien dit des fonctions d'examinateur auxquelles M. Joppé fut appelé dès 1823 et qu'il devait exercer pendant 37 années, tant pour l'instruction primaire que pour l'instruction secondaire. Il se montra dans cet ordre de fonctions aussi élevées aux yeux des candidats qu'elles sont utiles et importantes en réalité, juste et bienveillant autant qu'il est possible. M. Joppé croyait qu'un examinateur ne doit pas laisser deviner hors de propos ni sa pensée, ni son jugement, de même qu'il doit éviter de frapper d'étonnement un candidat, par l'étalage d'une grande érudition, ou l'effrayer par une attitude trop sévère ; sa méthode était une bienveillance contenue dans une impassibilité apparente. Beaucoup d'aspirants dans le trouble des premiers examens auguraient mal de l'impassibilité de leur examinateur, ils n'avaient aucune idée de sa bonté éclairée qui se révélait seulement dans les délibérations, et tel homme ou telle institutrice qui doivent aujourd'hui leur position à M. Joppé s'imaginent peut-être ne rien devoir à sa bienveillante équité.

Dans une vie entièrement consacrée aux services publics, les fonctions de toute nature se rencontrent et souvent les plus disparates. A une certaine époque, M. Joppé fut pourvu de douze charges, toutes gratuites ; parmi celles-ci, on doit en compter une qui lui fut conférée d'abord par ses concitoyens et puis ensuite par l'autorité supérieure.

L'homme pacifique par excellence et l'homme d'études fut un officier dévoué quand les circonstances l'exigèrent, et les concitoyens de M. Joppé le nommèrent lieutenant dans la garde à laquelle étaient confiées les institutions nationales ; plus tard, il fut nommé officier rapporteur au conseil de discipline, il resta dans ce grade jusqu'à ce que la limite d'âge lui permît de le laisser à d'autres.

Dans cette institution nationale, une seule charge était, de l'aveu de tous, nettement et complètement désagréable en même temps qu'elle exigeait une aptitude spéciale qui devait réunir l'énergie et la modération ; c'est justement cette charge que l'autorité supérieure donne à M. Joppé qui s'y consacre avec le dévouement et la convenance qu'il mettait à toutes ses actions.

En parlant de services qu'un homme rendit à son pays comme officier de la garde nationale, il semble que nous reculions de vingt années, à cette époque où ce genre de services n'était jamais omis dans les biographies ; cette omission est facilement commise aujourd'hui sans que personne réclame, c'est là sans doute une question de mode ; mais, messieurs, dans le sein de notre Société académique, on rend justice à tous les services honorablement rendus.

Les académies ne doivent rien oublier, de même qu'elles doivent souvent aller au-devant du mérite modeste qui sans appui, resterait caché.

Plusieurs sociétés savantes s'attachèrent, pour ainsi dire, d'office à titre de membre correspondant ou titulaire M. Joppé qui ne sollicita jamais rien. Parmi ces compagnies, je citerai : l'Académie de l'enseignement ; l'Institut historique de France ; la Société de statistique ; la Commission d'archéologie de la Marne ; la Société scientifique de l'Aube ; l'Académie de Reims.

M. Joppé appartint d'abord à la Société d'agriculture commerce, sciences et arts de la Marne, où il entra comme membre titulaire le 1er juin 1826, après avoir présenté un travail sur l'éducation en France, sous l'empire de la Charte. Il commença dès lors à suivre vos travaux avec une assiduité qui ne fut jamais interrompue, si ce n'est par les attentes de la maladie, et enfin par celles de la mort, puisqu'il faut que chacun paie un tribut à ces défaillances de la vie.

En 1831, il était vice-secrétaire de votre société et il fut chargé par suite de l'empêchement du secrétaire, de faire le compte-rendu des travaux de l'année académique. En 1833, il présenta, en qualité de secrétaire, le résumé des travaux des années 1832 et 1833.

L'année 1832 avait été peu favorable à la continuation de vos travaux académiques, les esprits préoccupés avaient porté leur attention et leurs efforts d'un autre côté en voulant empêcher le développement de l'épidémie cholérique qui, pour la première fois, s'appesantissait sur notre pays. En 1833, M. Joppé constatait en ces termes la suspension des travaux ordinaires des sociétés savantes :

« Ce n'est point lorsqu'un fléau destructeur étend par-
» tout ses ravages, et fait planer la mort sur toutes les

» têtes, que l'on peut se livrer avec fruit à des études
» scientifiques ; mais si ces temps de calamité ont suspendu
» nos travaux, ils ont fait partout éclater le zèle de nos
» concitoyens. En présence de ces grandes épreuves,
» l'amour du bien public s'est ranimé plus actif, le dé-
» vouement a été constamment à la hauteur du danger
» et, pour en conjurer les atteintes, tous ont rivalisé
» d'efforts, de lumières et d'intelligence. »

Jusques en 1835 inclusivement, M. Joppé fut secrétaire
de votre compagnie. Il fit annuellement les résumés de
vos travaux qui, si j'en crois non-seulement mon jugement,
mais de hautes appréciations, peuvent passer pour des
modèles du genre. Soit que M. Joppé rendit compte de
vos travaux, de vos concours, soit qu'il résumât en quelques lignes l'existence des collègues que vous aviez eu
la douleur de perdre, il apportait dans ses écrits l'exacti-
tude, la précision, la clarté et enfin cette pureté d'expression et l'élégance du style qui constituent les qualités les
plus précieuses de l'écrivain.

M. Joppé avait une haute idée de l'art d'écrire et il
plaçait encore au-dessus de l'art, la moralité des œuvres
de l'écrivain ; il a exprimé sa pensée à cet égard dans un
rapport publié dans vos mémoires de l'année 1850, il a
énergiquement flétri : « Ces écrits, produits d'une ima-
» gination sans frein, ces tableaux où les plus grossiers
» instincts sont préconisés, les lois de la pudeur outra-
» geusement violées, les plus viles passions présentées sous
» des traits séduisants et où des auteurs sans pitié pour
» de jeunes générations leur répètent chaque jour des
» leçons corruptrices. Ces drames monstrueux où le vice
» est vivant sur la scène, où il frappe les yeux d'une
» jeunesse éminemment impressionnable, et exerce sur
» les masses agglomérées une désastreuse influence. »

M. Joppé avait une longue expérience, et cette expérience était éclairée par une grande perspicacité et un jugement sain. Il avait vu, pendant trois révolutions, les esprits s'agiter comme pour se diriger en matière littéraire vers une voie meilleure, et de toute cette agitation, il avait vu sortir beaucoup de choses, mais rien de ces chefs-d'œuvre qu'on promet sans cesse et que nous attendons encore. Il avait vu les écrivains les plus estimables relégués au second plan, si ce n'est au dernier, tandis que d'autres écrivains conquéraient une grande influence en faisant appel aux plus dangereuses passions, et se servaient de cette influence pour faire entendre au public des théories immorales et lui montrer des tableaux indécents.

M. Joppé avait déploré qu'on put se faire un jeu de tromper la curiosité publique et qu'on profitât du besoin de connaître qui tourmente les masses, pour leur montrer surtout des objets licencieux. Il lui semblait voir des écrivains dépravés qui, ne voulant pas revenir à l'honneur, tentaient de faire descendre le public à leur degré de bassesse, afin que les auteurs et les lecteurs n'eussent plus à rougir les uns des autres.

En 1857, M. Joppé, sous l'empire de ces idées, vous fit une lecture sur la responsabilité morale de l'écrivain, et dans ce travail, le dernier qu'il devait vous lire, il exprimait en quelques pages les sentiments de réprobation qui l'animaient « contre cette foule innombrable d'ouvrages » en prose et en vers qui, de nos jours, ont empoisonné » pour longtemps la jeune génération. » Après avoir flétri les mauvais romans et tous les drames d'une immoralité révoltante, où les héroïnes sont des courtisanes, les héros des hommes perdus de mœurs, et ou on expose tout, excepté le bien, il recherchait quel devait être le rôle de l'historien ; il s'exprimait en ces termes que je vous demande la permission de rappeler.

« Le langage de l'historien doit être impartial et ne
» jamais fléchir au détriment de la vérité, quelque puis-
» sant que soit le personnage dont il retrace la vie.

» Loin de méconnaître l'action providentielle de Dieu
» sur les évènements du monde, il nous montrera cette
» puissance infinie présidant sans cesse au gouvernement
» des êtres, et préparant, dans sa sagesse éternelle, ces
» révolutions extraordinaires dont l'homme, sans qu'il
» s'en doute, est l'instrument et l'exécuteur. »

Tels étaient, Messieurs, les principes de M. Joppé, en littérature et en histoire ; il eut la douleur de les voir trop rarement appliqués, mais il savait que la vie est un combat et que le succès des mauvaises causes, des mauvais écrits ne doit pas empêcher de poser les bons principes.

M. Joppé se préoccupait beaucoup, ainsi que nous le voyons, du mouvement des esprits, et s'il voyait les dangers d'une littérature mal dirigée, ou pour mieux dire sans direction, il en estimait d'autant plus les excellentes productions littéraires, soit de l'antiquité, soit des temps modernes ; il trouvait dans leur lecture habituelle, de douces jouissances de l'ordre le plus pur et le plus élevé, et aussi des consolations dans les difficultés et dans les peines de la vie.

M. Joppé était, comme tout le monde, exposé aux peines et aux malheurs, mais je crois que sa part des afflictions humaines fut peut-être plus forte et plus lourde que la part ordinaire.

La mort a souvent frappé les êtres qui lui étaient les plus chers, et cela dans les circonstances les plus pénibles.

En 1852, son fils, le capitaine Joppé, était marié depuis

quelques années seulement, et il était père de deux enfants charmants, deux fils objets de l'amour et de l'orgueil de leur grand-père ; lorsque ces deux fils perdirent leur mère, enlevée très jeune encore aux affections de toute une famille, enlevée aux tendres devoirs, aux obligations sacrées de la maternité.

Ce malheur ouvrit dans le cœur paternel de M. Joppé une plaie qui ne pouvait se fermer sans doute, mais dont les douleurs devaient aller en s'apaisant, lorsque le gendre de M. Joppé, M. Adrien, partit pour la guerre de Crimée, laissant à Romainville sa jeune femme et son jeune fils.

M. Adrien, capitaine, puis commandant, était éloigné depuis un mois seulement, quand en débarquant à Gallipoli, lorsqu'il attendait des nouvelles de sa femme, et de son jeune enfant l'envoi d'un baiser, il reçut la nouvelle de la mort de ce fils.

Tous ces coups retentissaient profondément dans le cœur sensible de M. Joppé : Sa belle-fille laissant deux fils orphelins, un gendre partant pour une guerre lointaine et perdant son jeune enfant, était-ce assez d'épreuves ? Hélas non ! Un nouveau deuil, un horrible chagrin devait encore entrer dans cette famille.

M. Adrien était débarqué des premiers, et après avoir subi les épreuves du campement, des marches de Gallipoli à Varna, il avait été acteur et témoin dans nos victoires de l'Alma, de Trackir, d'Inkermann ; mais il ne devait pas voir nos dernières victoires, et le 18 juin 1855 il était mortellement blessé devant Malakoff.

Il semble que ces terribles coups ébranlèrent fortement la santé de M. Joppé ; c'est à cette époque qu'on put remarquer chez lui un affaiblissement de la force physique ;

sa constitution vigoureuse en apparence n'aurait pas fait prévoir une altération rapide ; mais il est des douleurs si grandes et si souvent répétées qu'elles doivent enfin détruire ceux qu'elles frappent, malgré leur courage moral et leur résignation chrétienne.

Une dernière épreuve et une dernière crainte attendaient M. Joppé dans l'année qui précéda sa mort. Les premiers mois de l'année 1859 qui furent si glorieux pour l'armée française, devaient remplir d'inquiétude notre cher collègue. Son fils, le père des deux orphelins de leur mère, et son deuxième gendre, M. Herbecq, médecin militaire, étaient en Italie, tous deux dévoués à leurs devoirs, à l'honneur militaire, comme si d'autres précieuses existences n'étaient pas attachées à leur vie.

Cette fois la providence ne réservait à M. Joppé que des consolations ; après l'inquiétude vinrent les légitimes satisfactions de voir ses enfants justement récompensés. Une douce joie faisant oublier un moment les malheurs passés, vint apporter quelque sérénité dans l'âme de M. Joppé, et permettre à son amour paternel de consolantes pensées, des espérances pour l'avenir des membres de sa famille que Dieu lui avait laissés. Ces douces pensées, bienfait de la providence, furent sa consolation pendant l'année 1860, la dernière année d'une vie remplie par le dévouement au bien public, et par des épreuves telles, qu'elles font espérer aux hommes les consolations d'une vie meilleure.

M. Joppé devait, pour ainsi dire, mourir à son poste, à la Bibliothèque. En effet, dans les derniers jours de novembre 1860, il venait d'échanger avec un érudit quelques paroles et de donner quelques renseignements à un bibliophile, lorsqu'il fut frappé de cette maladie qui l'emportait quelques jours après, le 16 décembre 1860.

La population châlonnaise tout entière ressentit une vive affliction en apprenant la mort de cet homme de bien, qu'elle avait vu si longtemps occupé à se rendre utile aux autres ; aussi de précieux hommages furent rendus à M. Joppé dans cet instant sacré où la terre recueille les restes inanimés.

M. Salle, au nom de l'administration municipale, vint déposer sur cette tombe encore ouverte le tribut de regrets et de reconnaissance de ses concitoyens. « Quand » la cité, dit-il, perd un de ses enfants, qui depuis un » demi-siècle lui a rendu des services signalés, c'est un » devoir de rappeler les droits qu'il a acquis à l'estime et » au souvenir de ses concitoyens, etc. »

Au nom de la Société académique de la Marne, M. Eugène Perrier, son président, fit entendre de touchants et de sincères adieux, et après avoir résumé en quelques paroles l'existence du défunt, il terminait par ces mots : « L'exis- » tence de M. Joppé fut toujours simple et modeste, mais » toujours utile, et toujours dévouée aux plus nobles in- » térêts de son pays. Sa fin a été la digne couronne de sa » vie ! Sa pensée élevée ne pouvait voir qu'un temps d'é- » preuves dans ce moment que nous passons sur la terre. » Il accueillit avec bonheur les dernières bénédictions de » la religion, et il s'éteignit doucement avec l'espoir de » la récompense méritée par une existence bien remplie » et éprouvée dans ses dernières années par de cruelles » peines. Puisons, Messieurs, des enseignements dans sa » vie et dans sa mort ; ils doivent être aussi la consolation » de sa famille et du digne héritier de son honorable » nom. »

Telles sont, Messieurs, quelques-unes des éloquentes paroles par lesquelles M. Salle, au nom de la ville de Châlons, et M. Eugène Perrier, au nom de la Société aca-

démique de la Marne. firent leurs adieux à M. Joppé.
J'essaierais en vain d'ajouter quelque chose à ces nobles
et touchantes pensées prononcées près d'un cercueil, au
milieu d'une famille accablée par le chagrin, devant
une foule vivement impressionnée par la tristesse.

A ce touchant tableau je n'ajouterai plus rien, et cependant je n'ai pas tout dit de M. Joppé.

Il est encore une chose sur laquelle je n'ai pas assez
insisté et qu'il faut répéter, Messieurs, c'est que vous avez
perdu plus qu'un collègue, mais un de ces biens les plus
précieux et les plus rares qu'on remplace rarement, vous
avez perdu un véritable ami !

Vous, MM. les Professeurs de collége, vous ses anciens
élèves, vous avez aussi perdu un ami, un ami dévoué.

C'est là une vérité que je dois proclamer, parce que à
nul autre peut-être, elle n'est aussi connue. Dans l'intimité
d'une fréquentation continuelle et assidue, j'ai pu saisir
l'expression des sentiments de vive affection que M. Joppé
vous portait à tous, affection qu'il vous cachait et dont
vous ignoriez peut-être la force ; et, bien que je ne veuille
ni citer des noms, ni rappeler des faits, sachez-le,
Messieurs, votre ancien collègue était toujours votre ami,
son amitié était durable, vive et surtout efficace.

Une telle perte est un malheur pour vous, mais pour
moi qui si souvent ai ressenti la bienveillance de M. Joppé,
moi son second, qui ai reçu le témoignage de son affection,
ce malheur est plus grand encore ; où trouverai-je et ses
exemples vivants, et ses conseils éclairés, et ses encouragements sérieux, et enfin ce concours si précieux et si
complet pour le bien ?

Hélas ! Messieurs, de tout celà la mort en a fait un souvenir de tristesse, mais aussi d'exemple, puisque l'homme de bien qui passe sur la terre laisse une vie à imiter ; précieux et dernier legs que nous fit M. Joppé.

Voir passer ses amis malgré leurs vertus ; voir passer ses parents, ses proches, malgré l'amour de la famille ; voir disparaître un des membres de la Société sans pouvoir retarder d'une seconde le moment de la séparation, quel douloureux spectacle ! quel accablement il inspirerait, si la religion chrétienne n'était venue avec ses consolations et ses espérances, nous apporter la certitude d'une vie meilleure, où toutes les misères de l'humanité disparaissent devant les biens que nous répartit la justice divine.

www.ingramcontent.com/pod-product-compliance
Lightning Source LLC
Chambersburg PA
CBHW050811070726
47595CB00015B/3143